Impressum
Verlag: BABADADA GmbH, Nedderfeld 112 , 22529 Hamburg
Geschäftsführer / Verlagsleitung: Harald Hof
Druck: Books on Demand GmbH, In de Tarpen 42, 22848 Norderstedt

Imprint
Publisher: BABADADA GmbH, Nedderfeld 112 , 22529 Hamburg, Germany
Managing Director / Publishing direction: Harald Hof
Print: Books on Demand GmbH, In de Tarpen 42, 22848 Norderstedt

escuela

el colegio

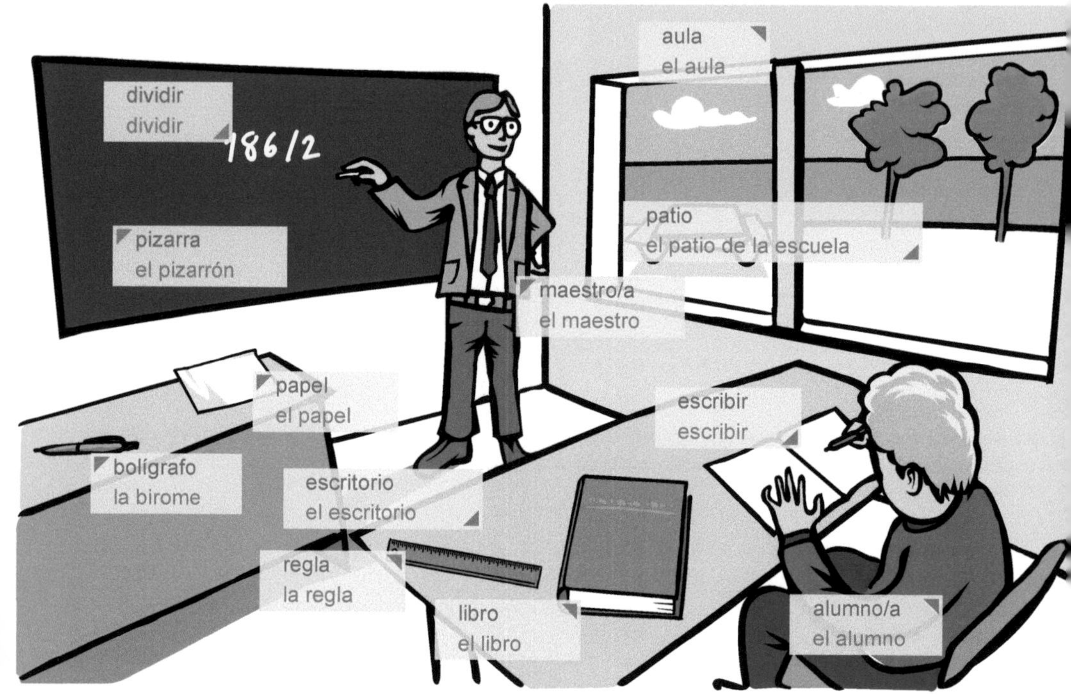

aula
el aula
dividir
dividir
186/2
pizarra
el pizarrón
patio
el patio de la escuela
maestro/a
el maestro
papel
el papel
escribir
escribir
bolígrafo
la birome
escritorio
el escritorio
regla
la regla
libro
el libro
alumno/a
el alumno

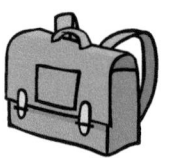

cartera

la mochila

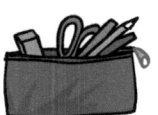

caja de lápices

la caja de lápices

lápiz

el lápiz

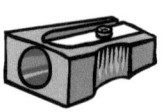

sacapuntas

el sacapuntas

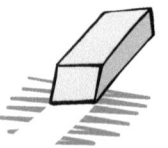

goma de borrar

la goma (de borrar)

cuaderno de dibujo

el bloc de dibujo

dibujo
el dibujo

pincel
el pincel

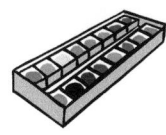

caja de pinturas
la caja de pinturas

tijeras
la tijera

pegamento
el pegamento

cuaderno de ejercicios
el cuaderno de ejercicios

deberes
la tarea

número
el número

sumar
sumar

restar
restar

multiplicar
multiplicar

calcular
calcular

letra
la letra

alfabeto
el abecedario

palabra
la palabra

texto

el texto

leer

leer

tiza

la tiza

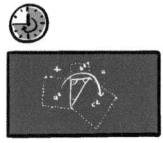

lección

la lección

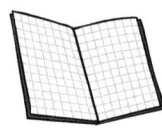

cuaderno de notas

el cuaderno de clase

examen

el examen

certificado

el certificado

uniforme escolar

el uniforme escolar

educación

la educación

enciclopedia

la enciclopedia

universidad

la universidad

microscopio

el microscopio

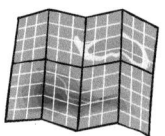

mapa

el mapa

papelera

el tacho (de basura)

viaje

el viaje

hotel
el hotel
Grand
albergue
el hostel
ROOMS
oficina de cambio de divisas
la casa de cambio
maleta
la valija
coche
el auto

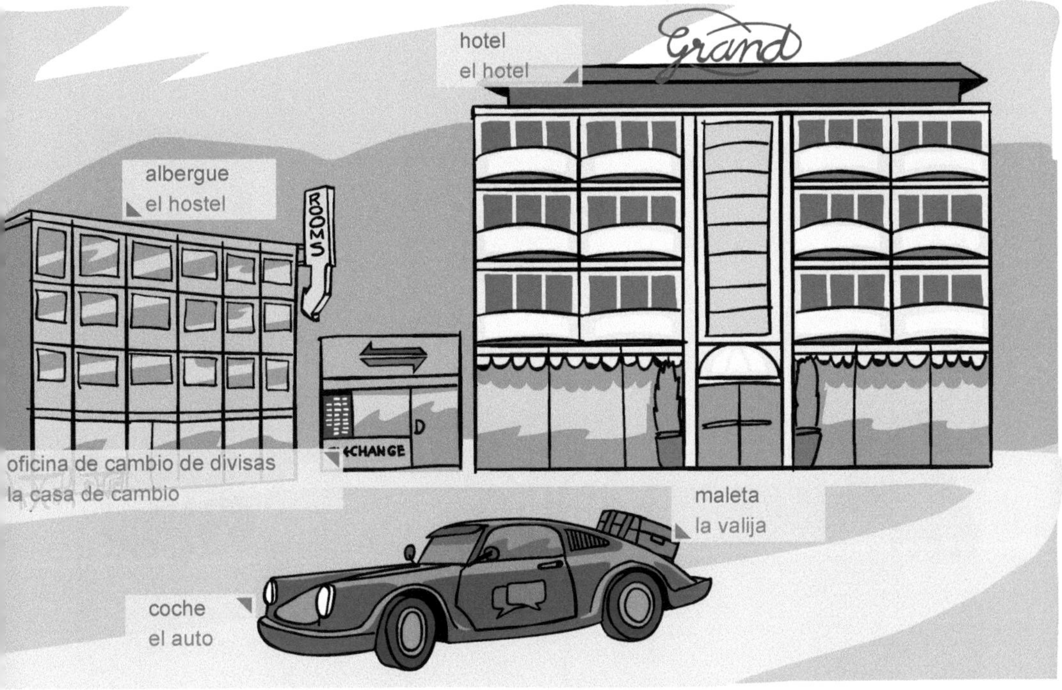

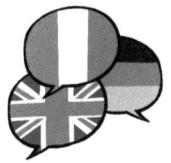

idioma

el idioma

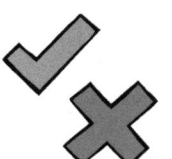

sí / no

sí / no

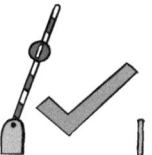

Vale

Está bien

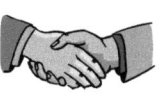

hola

hola

traductor

el traductor

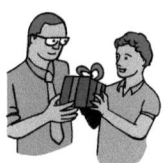

Gracias

Gracias

¿cuánto es...?

¿cuánto cuesta...?

No entiendo

No entiendo

problema

el problema

¡Buenas tardes!

¡Buenas tardes!

¡Buenos días!

¡Buenos días!

¡Buenas noches!

¡Buenas noches!

adiós

el adiós

dirección

la dirección

equipaje

el equipaje

bolsa

el bolso

mochila

la mochila

invitado

el invitado

habitación

la habitación

saco de dormir

la bolsa de dormir

tienda de campaña

la carpa

información turística

la información turística

playa

la playa

tarjeta de crédito

la tarjeta de crédito

desayuno

el desayuno

almuerzo

el almuerzo

cena

la cena

billete

el pasaje

ascensor

el ascensor

sello

el sello

frontera

la frontera

aduana

la aduana

embajada

la embajada

visa

la visa

pasaporte

el pasaporte

transporte
el transporte

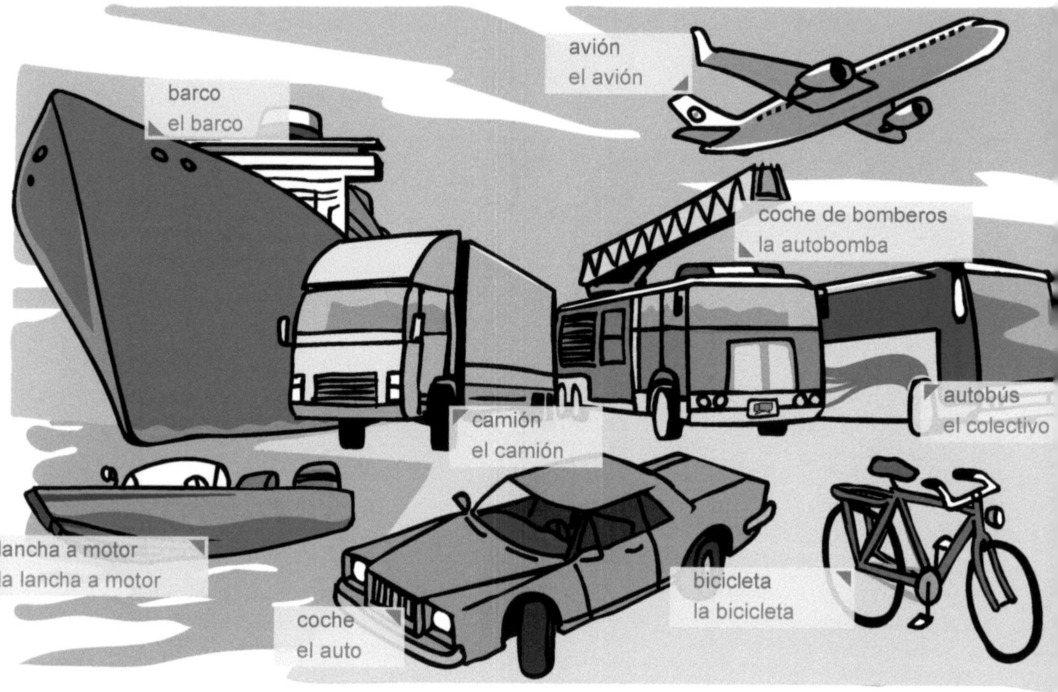

avión
el avión
barco
el barco
coche de bomberos
la autobomba
autobús
el colectivo
camión
el camión
lancha a motor
la lancha a motor
bicicleta
la bicicleta
coche
el auto

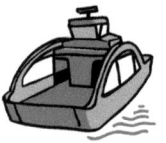

transbordador

el ferry

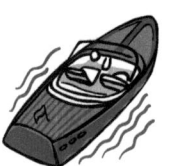

barca

el bote

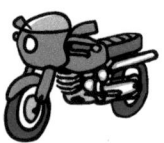

moto

la moto

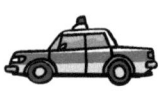

coche de policía

el patrullero

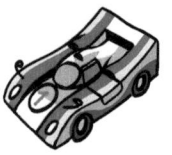

coche de carreras

el auto de carreras

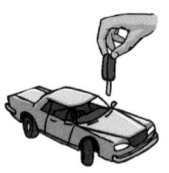

coche de alquiler

el auto de alquiler

préstamo de vehículos

el alquiler de autos

grúa

la grúa

camión de la basura

el camión de la basura

motor

el motor

gasolina

la nafta

gasolinera

la estación de servicio

señal de tráfico

la señal de tránsito

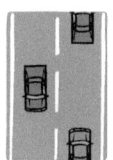

tráfico

el tránsito

atasco

el embotellamiento

aparcamiento

el estacionamiento

estación de tren

la estación de tren

vías

las vías

tren

el tren

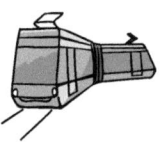

tranvía

el tranvía

vagón

el vagón

helicóptero
el helicóptero

aeropuerto
el aeropuerto

torre
la torre

pasajero
el pasajero

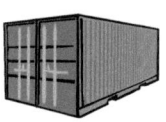

contenedor
el contenedor

caja de cartón
la caja de cartón

carretilla
la carretilla

cesta
la canasta

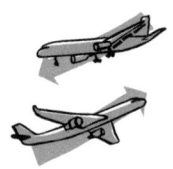

despegar / aterrizar
despegar / aterrizar

ciudad

la ciudad

pueblo
el pueblo

centro de ciudad
el centro de la ciudad

casa
la casa

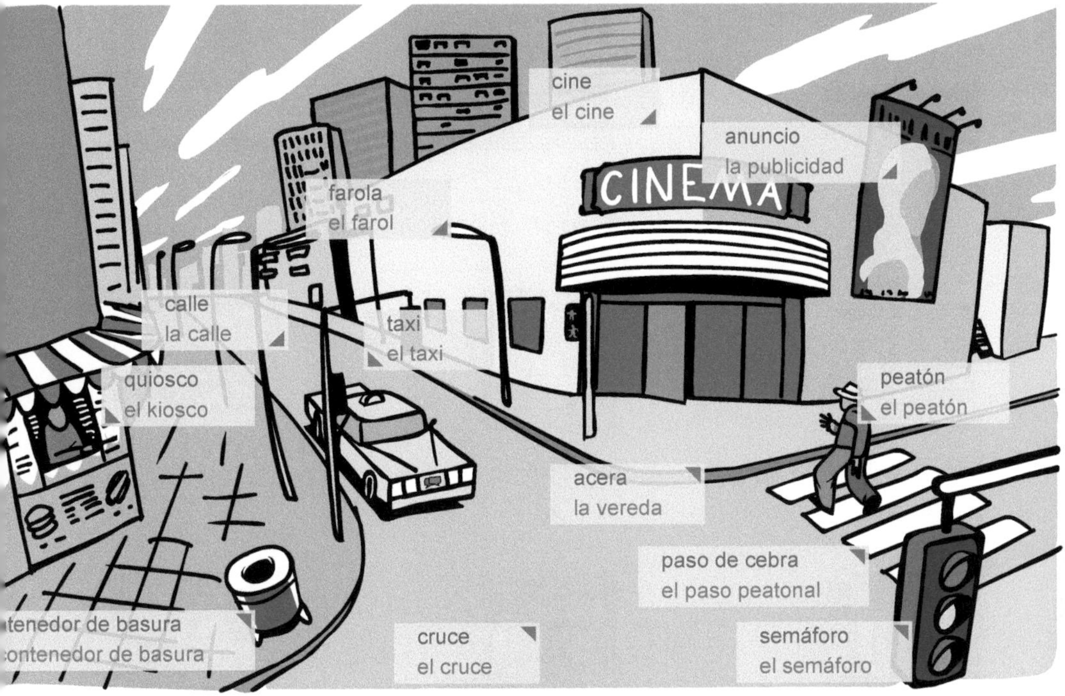
cine
el cine
anuncio
la publicidad
CINEMA
farola
el farol
calle
la calle
taxi
el taxi
quiosco
el kiosco
peatón
el peatón
acera
la vereda
paso de cebra
el paso peatonal
tenedor de basura
ontenedor de basura
cruce
el cruce
semáforo
el semáforo

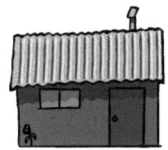

cabaña

la cabaña

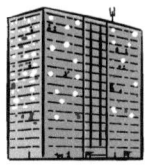

apartamento

el departamento

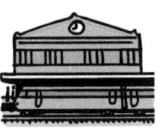

estación de tren

la estación de tren

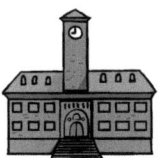

ayuntamiento

la municipalidad

MUSEUM

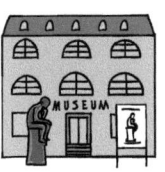

museo

el museo

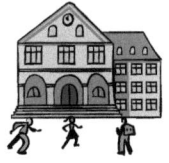

escuela

el colegio

universidad

la universidad

banco

el banco

hospital

el hospital

hotel

el hotel

farmacia

la farmacia

oficina

la oficina

librería

la librería

tienda

el negocio

floristería

la florería

supermercado

el supermercado

mercado

el mercado

grandes almacenes

las grandes tiendas

pescadería

la pescadería

centro comercial

el centro comercial

puerto

el puerto

parque

el parque

banco

el banco

puente

el puente

escaleras

las escaleras

metro

el subte

túnel

el túnel

parada de autobús

la parada del colectivo

bar

el bar

restaurante

el restaurante

buzón

el buzón

poste indicador

el letrero

parquímetro

el parquímetro

zoo

el zoológico

piscina

la pileta

mezquita

la mezquita

granja

la granja

contaminación

la contaminación

cementerio

el cementerio

iglesia

la iglesia

patio de juego

los juegos infantiles

templo

el templo

paisaje
el paisaje

hoja
la hoja

señal
el poste indicador

camino
el camino

prado
la pradera

piedra
la piedra

excursionista
el excursionista

árbol
el árbol

río
el río

hierba
la hierba

flor
la flor

valle

el valle

colina

la montaña

lago

el lago

bosque

el bosque

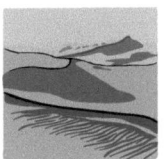

desierto

el desierto

volcán

el volcán

castillo

el castillo

arcoíris

el arco iris

champiñón

el champiñón

palmera

la palmera

mosquito

el mosquito

mosca

la mosca

hormiga

la hormiga

abeja

la abeja

araña

la araña

escarabajo

el escarabajo

rana

la rana

ardilla

la ardilla

erizo

el erizo

liebre

la liebre

lechuza

la lechuza

pájaro

el pájaro

cisne

el cisne

jabalí

el jabalí

ciervo

el ciervo

alce

el alce

presa

la presa

turbina eólica

el aerogenerador

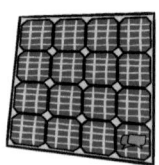

panel solar

el panel solar

clima

el clima

camarero
el mozo

menú
el menú

silla
la silla

sopa
la sopa

pizza
la pizza

cubertería
los cubiertos

mantel
el mantel

primer plato
la entrada

plato principal
el plato principal

postre
el postre

bebidas
las bebidas

comida
la comida

botella
la botella

comida rápida

la comida rápida

comida callejera

la comida callejera

tetera

la tetera

azucarero

la azucarera

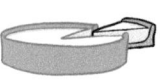

porción

la porción

cafetera expreso

la cafetera expreso

trona

la sillita alta

cuenta

la cuenta

bandeja

la bandeja

cuchillo

el cuchillo

tenedor

el tenedor

cuchara

la cuchara

cucharilla

la cucharita

servilleta

la servilleta

vaso

el vaso

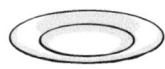

plato

el plato

plato hondo

el plato hondo

platillo

el plato

salsa

la salsa

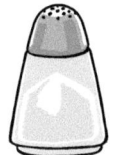

salero

el salero

molinillo de pimienta

el molinillo de pimienta

vinagre

el vinagre

aceite

el aceite

especias

las especias

ketchup

el kétchup

mostaza

la mostaza

mayonesa

la mayonesa

supermercado

el supermercado

oferta especial
la oferta especial
FOR
cliente
el cliente
lácteos
los lácteos
fruta
la fruta
carro de la compra
el changuito

BUTCHERS

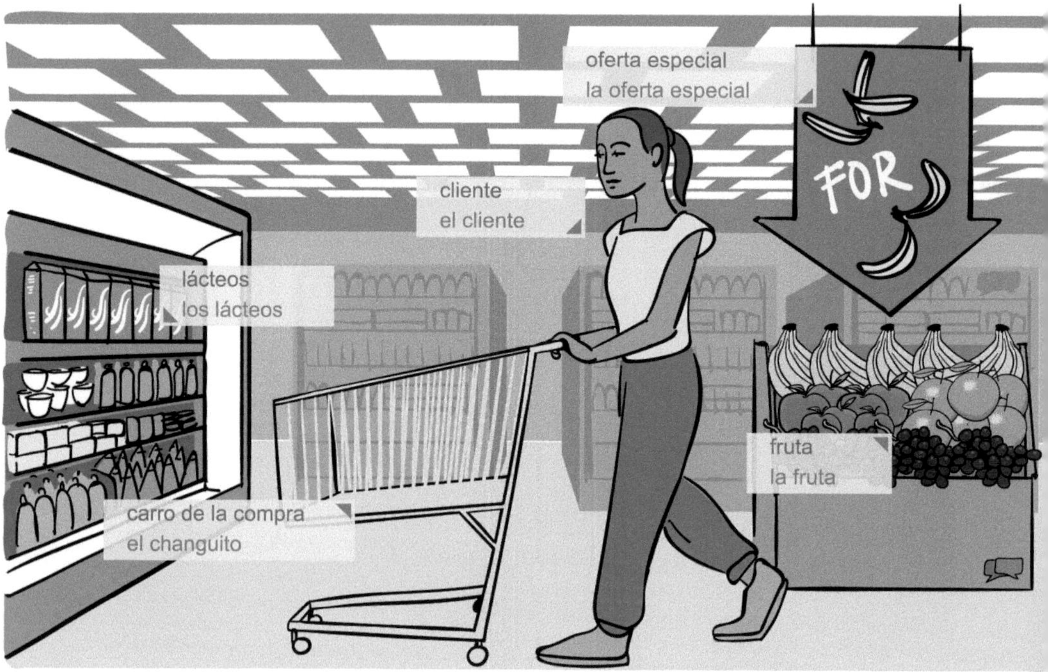

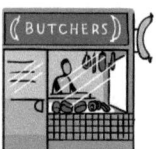

carnicería

la carnicería

BAKERY

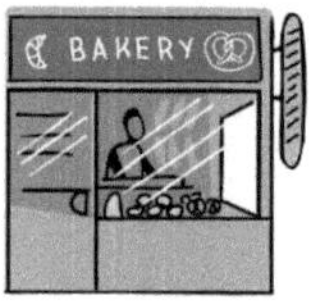

panadería

la panadería

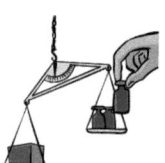

pesar

pesar

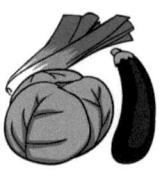

verduras

las verduras

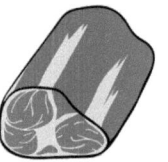

carne

la carne

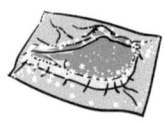

alimentos congelados

los alimentos congelados

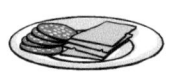

fiambres

los fiambres

conservas

los alimentos enlatados

detergente en polvo

el detergente en polvo

dulces

las golosinas

productos de uso doméstico

los electrodomésticos

productos de limpieza

los productos de limpieza

vendedora

la vendedora

caja

la caja

cajero

el cajero

lista de la compra

la lista de compras

horario de atención al público

el horario de atención

cartera

la billetera

tarjeta de crédito

la tarjeta de crédito

bolsa

la cartera

bolsa de plástico

la bolsa de plástico

agua

el agua

zumo

el jugo

leche

la leche

cola

la bebida cola

vino

el vino

cerveza

la cerveza

alcohol

el alcohol

cacao

el cacao

té

el té

café

el café

expreso

el café expreso

capuchino

el cappuccino

plátano

la banana

manzana

la manzana

naranja

la naranja

melón

el melón

limón

el limón

zanahoria

la zanahoria

ajo

el ajo

bambú

el bambú

cebolla

la cebolla

champiñón

el champiñón

avellanas

las nueces

fideos

los fideos

espagueti

los tallarines

arroz

el arroz

ensalada

la ensalada

patatas fritas

las papas fritas

patatas fritas

las papas fritas

pizza

la pizza

hamburguesa

la hamburguesa

sándwich

el sándwich

filete

el churrasco

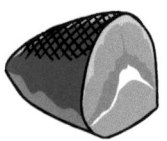

jamón

el jamón

salami

el salame

salchicha

la salchicha

pollo

el pollo

asado

el asado

pescado

el pescado

copos de avena

los copos de avena

muesli

el muesli

copos de maíz

los copos de maíz

harina

la harina

cruasán

la medialuna

panecillo

el pancito

pan

el pan

tostada

la tostada

galletas

las galletitas

mantequilla

la manteca

cuajada

la cuajada

pastel

la torta

huevo

el huevo

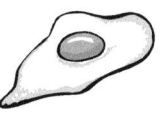

huevo frito

el huevo frito

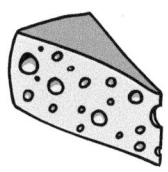

queso

el queso

helado

el helado

azúcar

el azúcar

miel

la miel

mermelada

la mermelada

crema de turrón

la pasta de chocolate

curry

el curry

comida - la comida

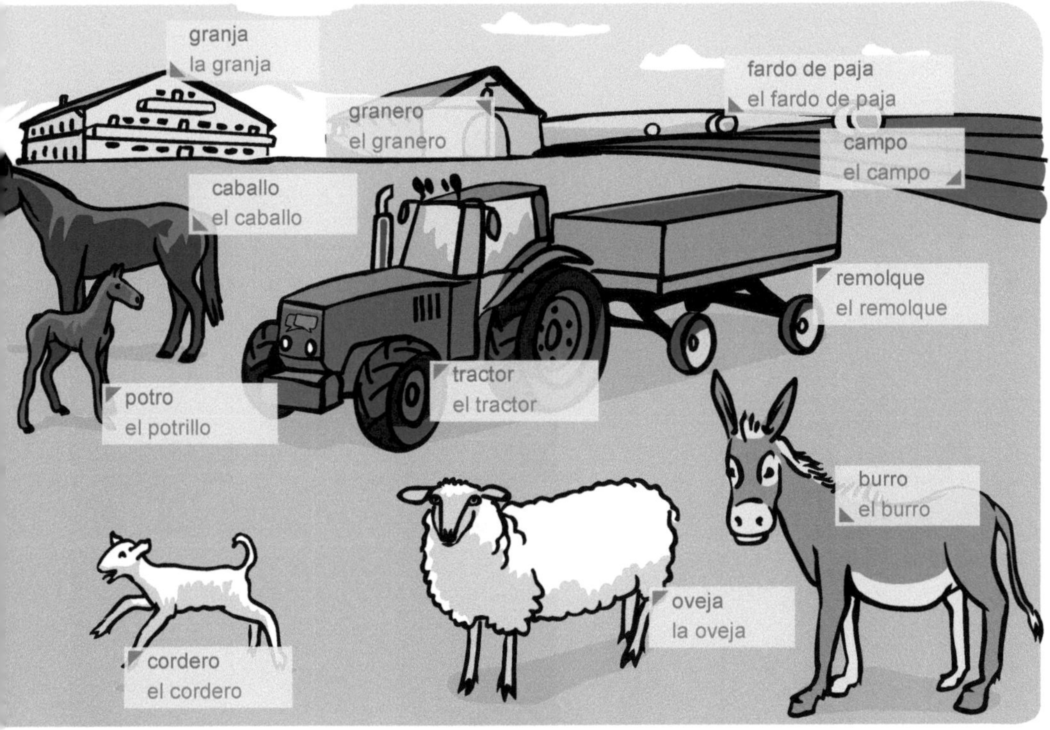

granja
la granja

granero
el granero

fardo de paja
el fardo de paja

campo
el campo

caballo
el caballo

remolque
el remolque

potro
el potrillo

tractor
el tractor

burro
el burro

cordero
el cordero

oveja
la oveja

cabra

la cabra

vaca

la vaca

ternero

el ternero

cerdo

el cerdo

cerdito

el lechón

toro

el toro

ganso

el ganso

pato

el pato

pollo

el pollo

gallina

la gallina

gallo

el gallo

rata

la rata

gato

el gato

ratón

el ratón

buey

el buey

perro

el perro

perrera

la cucha

manguera

la manguera

regadera

la regadera

guadaña

la guadaña

arado

el arado

granja - la granja

hoz

la hoz

azada

la azada

horca

la horquilla

hacha

el hacha

carretilla

la carretilla

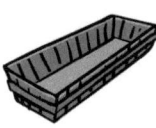

abrevadero

el abrevadero

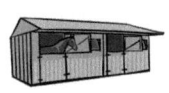

lechera

la lechera

saco

la bolsa

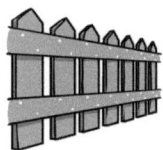

valla

la reja

establo

el establo

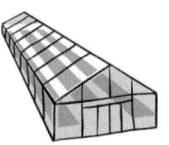

invernadero

el invernadero

suelo

el suelo

semilla

la semilla

fertilizador

el fertilizador

cosechadora

la cosechadora

cosechar
cosechar

cosecha
la cosecha

ñame
las batatas

trigo
el trigo

soja
la soja

patata
la papa

maíz
el maíz

semilla de colza
la semilla de colza

árbol frutal
el árbol frutal

mandioca
la mandioca

cereales
los cereales

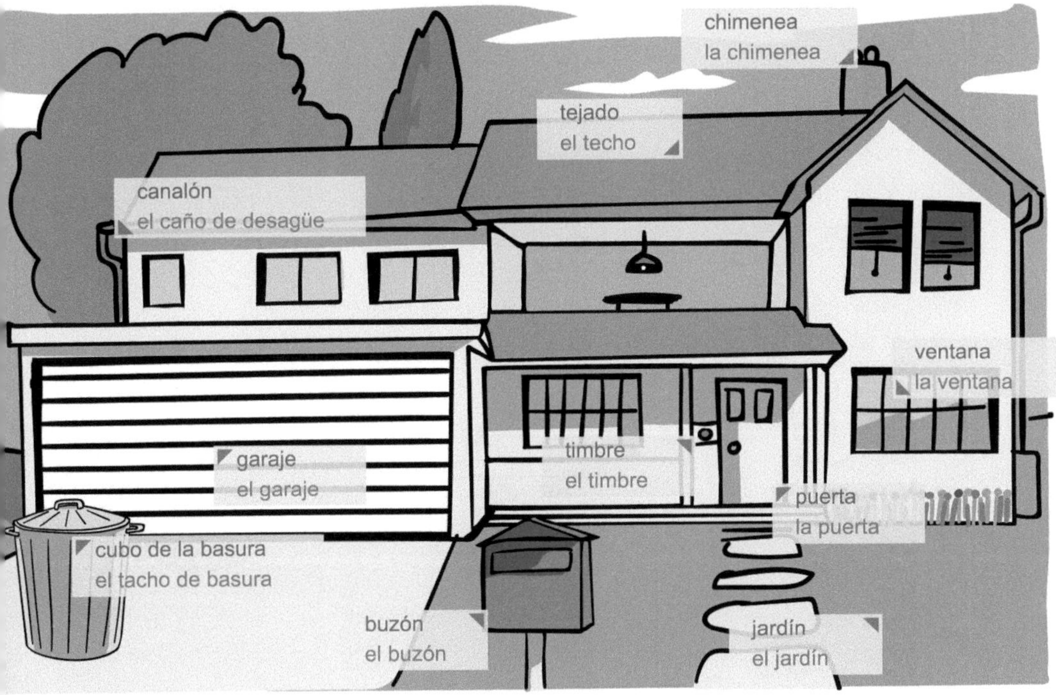

chimenea
la chimenea

tejado
el techo

canalón
el caño de desagüe

ventana
la ventana

garaje
el garaje

timbre
el timbre

puerta
la puerta

cubo de la basura
el tacho de basura

buzón
el buzón

jardín
el jardín

sala
el living

cuarto de baño
el baño

cocina
la cocina

dormitorio
el dormitorio

habitación de los niños
el cuarto de los chicos

comedor
el comedor

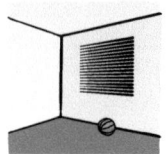

suelo
el piso

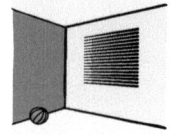

pared
la pared

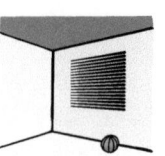

techo
el cielorraso

sótano
el sótano

sauna
el sauna

balcón
el balcón

terraza
la terraza

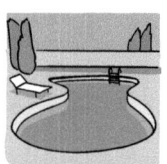

piscina
la pileta

cortacésped
la cortadora de pasto

sábana
la sábana

colcha
el acolchado

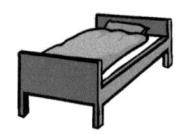

cama
la cama

escoba
la escoba

balde
el balde

interruptor
el interruptor

sala
el living

papel pintado
el empapelado
imagen
la imagen
lámpara
la lámpara
estante
el estante
armario
el armario
televisión
la televisión
chimenea
la chimenea
flor
la flor
cojín
el almohadón
sofá
el sofá
jarrón
el florero
mando a distancia
el control remoto

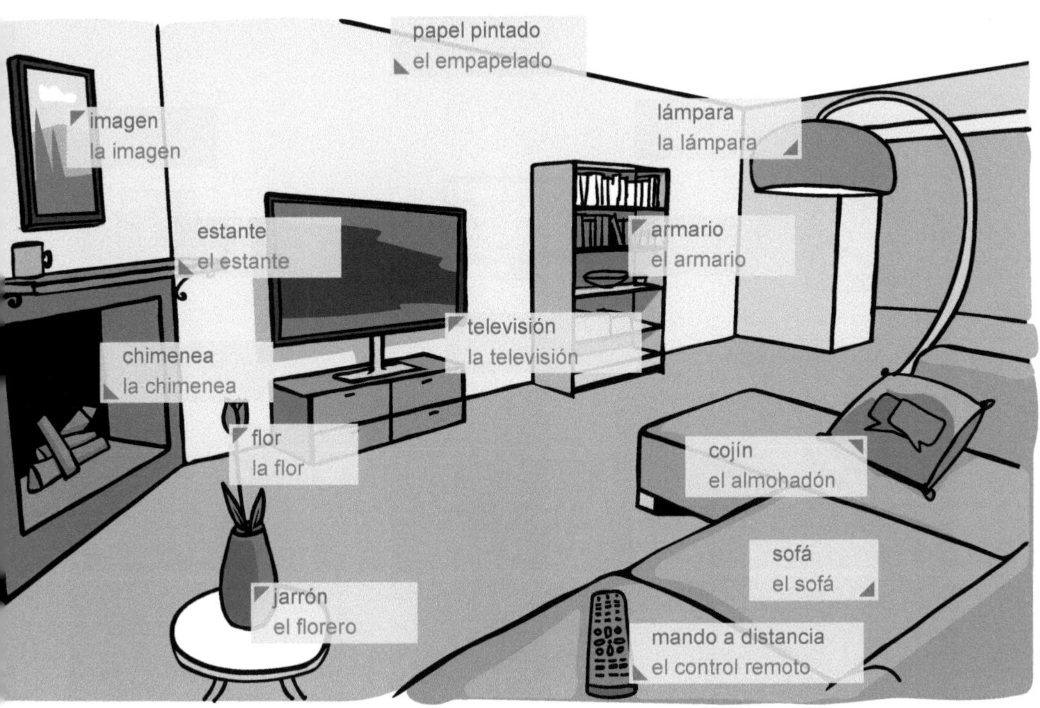

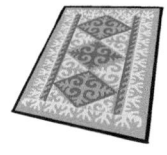

alfombra

la alfombra

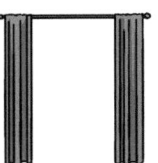

cortina

la cortina

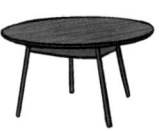

mesa

la mesa

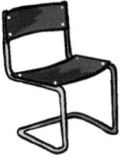

silla

la silla

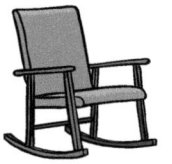

mecedora

la mecedora

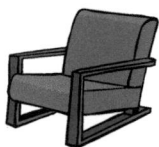

butaca

el sillón

libro

el libro

manta

la frazada

decoración

la decoración

leña

la leña

película

la película

equipo de música

el equipo de música

llave

la llave

periódico

el diario

pintura

la pintura

póster

el póster

radio

la radio

cuaderno

el cuaderno

aspiradora

la aspiradora

cactus

el cactus

vela

la vela

cocina
la cocina

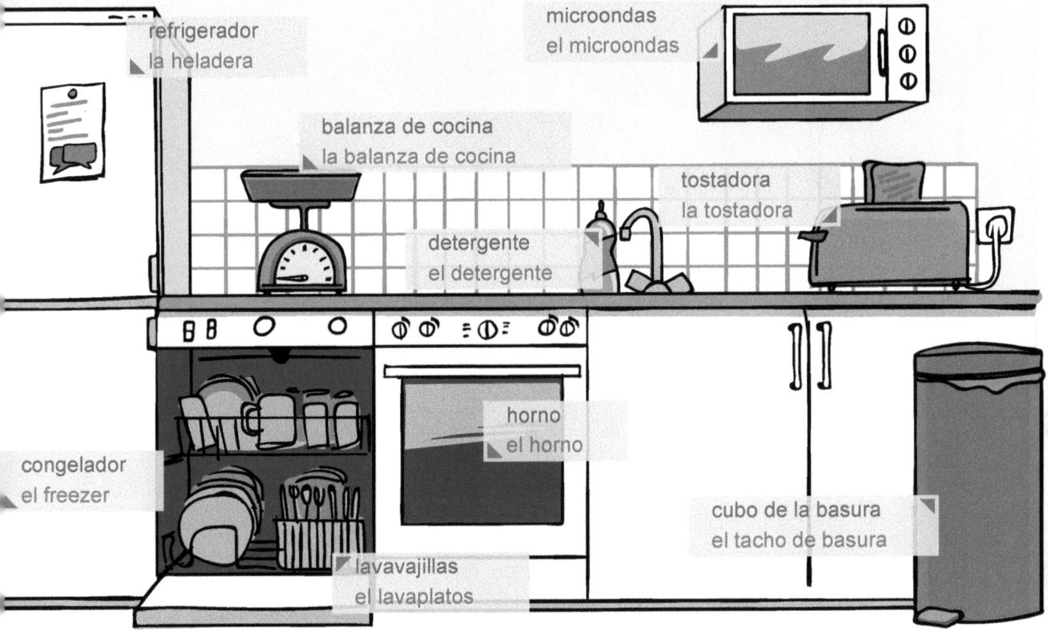

refrigerador
la heladera
microondas
el microondas
balanza de cocina
la balanza de cocina
tostadora
la tostadora
detergente
el detergente
horno
el horno
congelador
el freezer
cubo de la basura
el tacho de basura
lavavajillas
el lavaplatos

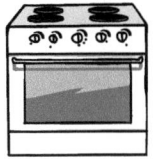

olla a presión
....
la cocina

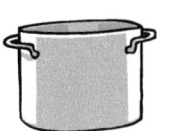

olla
....
la olla

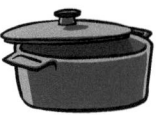

olla de hierro fundido
....
la olla de hierro fundido

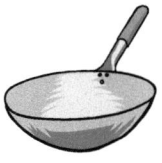

wok / karahi
....
el wok

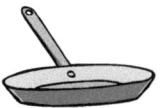

cazuela
....
la sartén

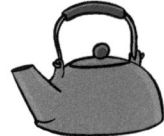

hervidor
....
la pava

vaporera

la vaporera

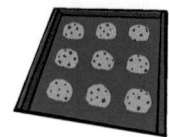

chapa de horno

la bandeja de horno

vajilla

la vajilla

taza

la taza

tazón

el bol

palillos

los palitos

cucharón

el cucharón

espumadera

la espátula

batidor

la batidora

colador

el colador

cedazo

el colador

rallador

el rallador

mortero

el mortero

barbacoa

la parrilla

hoguera

la fogata

tabla de picar
....
la tabla de picar

rodillo
....
el palo de amasar

sacacorchos
....
el sacacorchos

lata
....
la lata

abrelatas
....
el abrelatas

agarrador
....
la manopla

lavabo
....
la pileta

cepillo
....
el cepillo

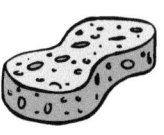

esponja
....
la esponja

batidora
....
la batidora

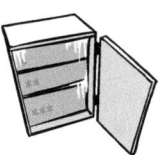

congelador
....
el congelador

biberón
....
la mamadera

grifo
....
la canilla

cuarto de baño
el baño

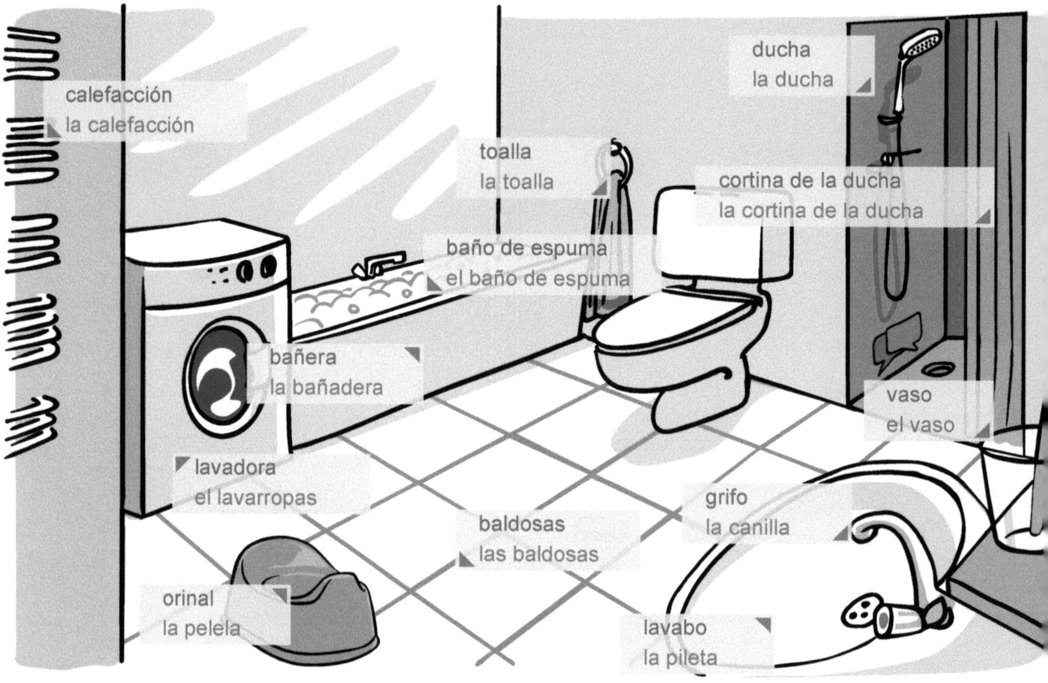

calefacción
la calefacción

ducha
la ducha

toalla
la toalla

cortina de la ducha
la cortina de la ducha

baño de espuma
el baño de espuma

bañera
la bañadera

vaso
el vaso

lavadora
el lavarropas

grifo
la canilla

baldosas
las baldosas

orinal
la pelela

lavabo
la pileta

inodoro
el inodoro

inodoro rústico
la letrina

bidé
el bidé

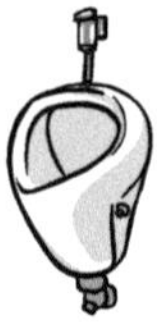

urinario
el mingitorio

papel higiénico
el papel higiénico

escobilla del váter
el cepillo para el inodoro

cepillo de dientes

el cepillo de dientes

pasta de dientes

el dentífrico

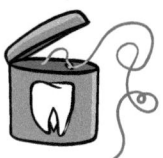

hilo dental

el hilo dental

lavar

lavar

ducha de mano

la ducha de mano

ducha íntima

la ducha higiénica

pila

la palangana

cepillo de espalda

el cepillo para la espalda

jabón

el jabón

gel de ducha

el gel de ducha

champú

el shampoo

toallita

la toallita

desagüe

el desagüe

crema

la crema

desodorante

el desodorante

espejo

el espejo

espejo de tocador

el espejito

maquinilla de afeitar

la maquinita de afeitar

espuma de afeitar

la espuma de afeitar

loción postafeitado

el aftershave

peine

el peine

cepillo

el cepillo

secador

el secador de pelo

laca

el spray

maquillaje

el maquillaje

pintalabios

el lápiz de labios

pintauñas

el esmalte para uñas

algodón

el algodón

cortauñas

la tijera para uñas

perfume

el perfume

estuche de viaje

el portacosméticos

banqueta

la banqueta

balanza

la balanza

albornoz

la bata

guantes de goma

los guantes de goma

tampón

el tampón

compresa

la toallita femenina

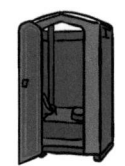

inodoro químico

el baño químico

habitación de los niños

el cuarto de los chicos

despertador
el despertador
peluche
el peluche
coche de juguete
el coche de juguete
sonajero
el sonajero
casa de muñecas
la casa de muñecas
regalo
el regalo

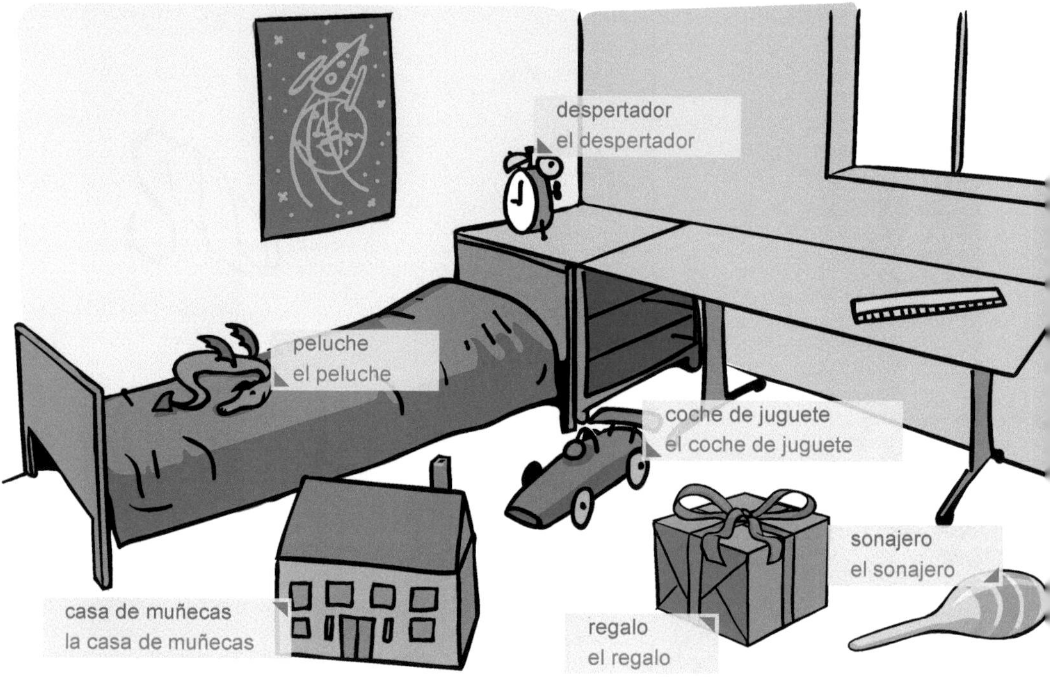

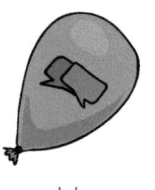

globo

el globo

cama

la cama

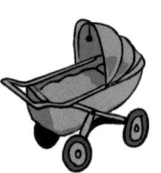

coche de niño

el cochecito

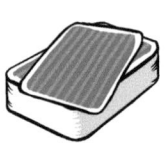

naipes

las cartas

puzle

el rompecabezas

SUPER
MEGA

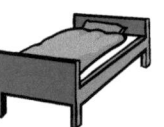

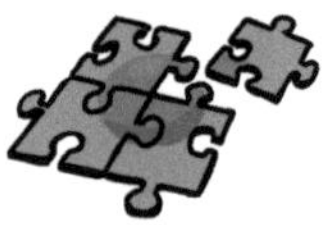

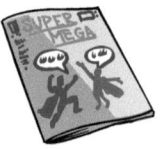

tebeo

la historieta

piezas de lego

las piezas de lego

bloques de juguete

los ladrillos de juguete

figura de acción

la figura de acción

bodi (de bebé)

el enterito (de bebé)

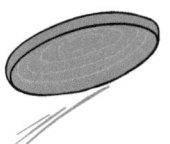

frisbee

el frisbee

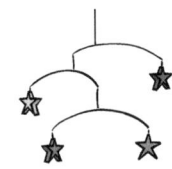

colgador móvil para bebés

el móvil para bebés

juego de mesa

el juego de mesa

dados

los dados

circuito de tren eléctrico

el tren eléctrico

maniquí

el chupete

fiesta

la fiesta

álbum de fotos

el libro de cuentos ilustrado

pelota

la pelota

muñeca

la muñeca

jugar

jugar

cajón de arena

el arenero

columpio

la hamaca

juguetes

los juguetes

videoconsola

la consola de videojuegos

triciclo

el triciclo

oso de peluche

el osito de peluche

guardarropa

el armario

ropa

la ropa

calcetines

las medias

medias

las medias panty

leotardos

las calzas

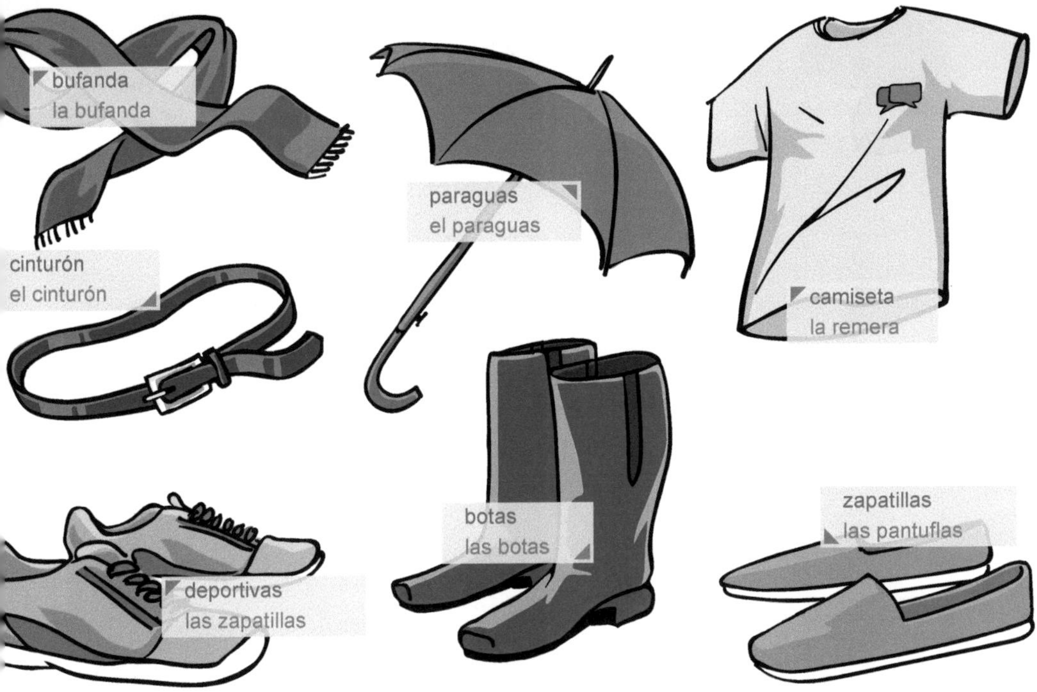

bufanda
la bufanda

paraguas
el paraguas

camiseta
la remera

cinturón
el cinturón

botas
las botas

zapatillas
las pantuflas

deportivas
las zapatillas

sandalias
las sandalias

zapatos
los zapatos

botas de goma
las botas de goma

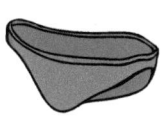

slip
la ropa interior

sostén
el corpiño

chaleco
el chaleco

bodi
el body

pantalones
los pantalones

vaqueros
los jeans

falda
la pollera

blusa
la blusa

camisa
la camisa

jersey
el pulóver

suéter
el buzo

blazer
el blazer

chaqueta
la campera

abrigo
el tapado

gabardina
el piloto

traje
el traje

vestido
el vestido

vestido de novia
el vestido de novia

traje

el traje

camisón

el camisón

pijama

el pijama

sari

el sari

bandana

el pañuelo para la cabeza

turbante

el turbante

burka

la burka

caftán

el caftán

abaya

la abaya

traje de baño

el traje de baño

bañador

el short de baño

pantalones cortos

los shorts

chándal

el jogging

delantal

el delantal

guantes

los guantes

botón

el botón

gafas

los anteojos

brazalete

la pulsera

collar

el collar

anillo

el anillo

pendiente

el aro

gorra

la gorra

percha

la percha

sombrero

el sombrero

corbata

la corbata

cremallera

el cierre

casco

el casco

tirantes

los tiradores

uniforme escolar

el uniforme escolar

uniforme

el uniforme

ropa - la ropa

babero

el babero

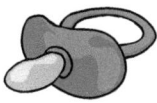

maniquí

el chupete

pañal

el pañal

oficina

la oficina

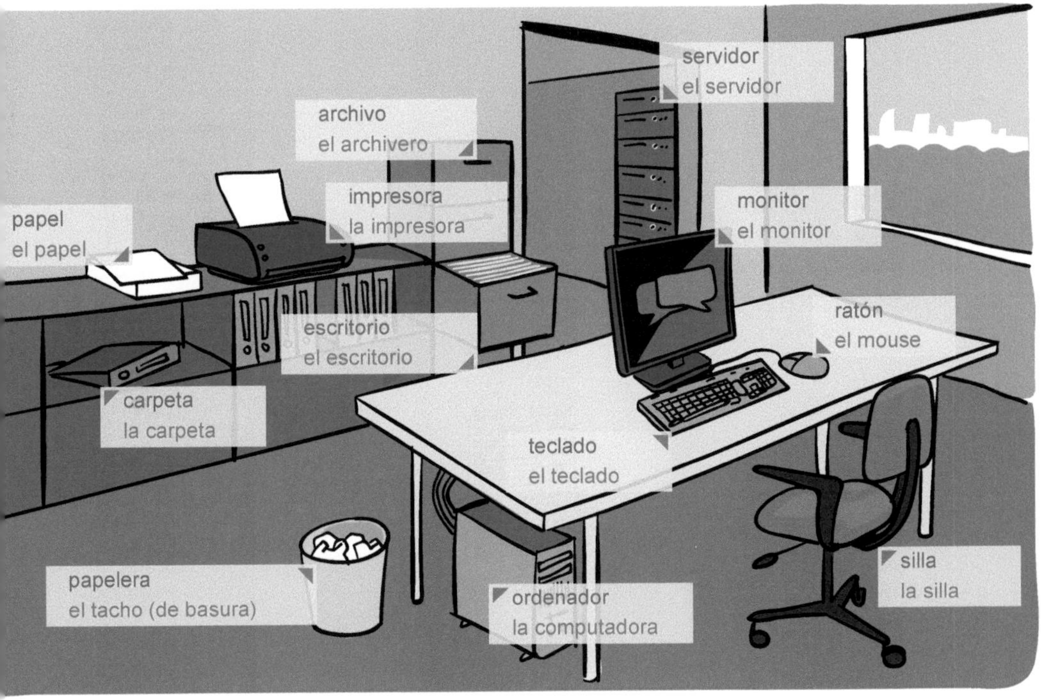

servidor
el servidor

archivo
el archivero

impresora
la impresora

monitor
el monitor

papel
el papel

ratón
el mouse

escritorio
el escritorio

carpeta
la carpeta

teclado
el teclado

papelera
el tacho (de basura)

silla
la silla

ordenador
la computadora

taza de café

la taza de café

calculadora

la calculadora

internet

el internet

portátil

la laptop

carta

la carta

mensaje

el mensaje

móvil

el celular

red

la red

fotocopiadora

la fotocopiadora

software

el software

teléfono

el teléfono

toma de corriente

el tomacorriente

fax

el fax

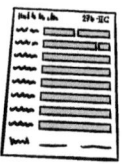

formulario

el formulario

documento

el documento

comprar

comprar

pagar

pagar

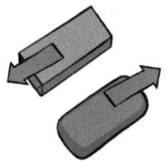

comerciar

hacer negocios

dinero

el dinero

dólar

el dólar

euro

el euro

yen

el yen

rublo

el rublo

franco suizo

el franco suizo

renminbi yuan

el yuan

rupia

la rupia

cajero automático

el cajero automático

oficina de cambio de divisas
....
la casa de cambio

oro
....
el oro

plata
....
la plata

petróleo
....
el petróleo

energía
....
la energía

precio
....
el precio

contrato
....
el contrato

impuesto
....
el impuesto

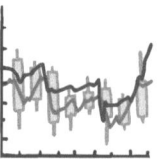

acción
....
la acción

trabajar
....
trabajar

empleado
....
el empleado

empleador
....
el empleador

fábrica
....
la fábrica

tienda
....
el negocio

economía - la economía

oficios
las ocupaciones

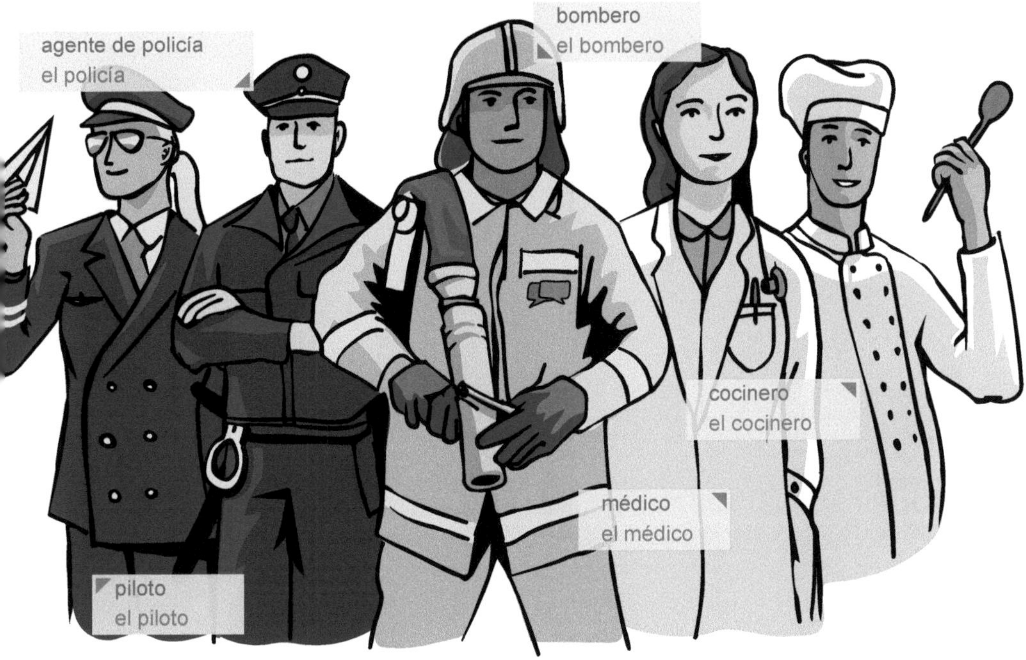

agente de policía
el policía
bombero
el bombero
cocinero
el cocinero
médico
el médico
piloto
el piloto

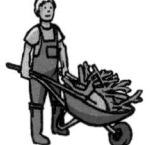

jardinero
el jardinero

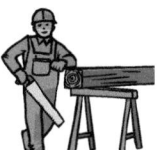

carpintero
el carpintero

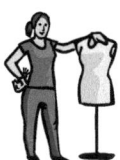

costurera
la modista

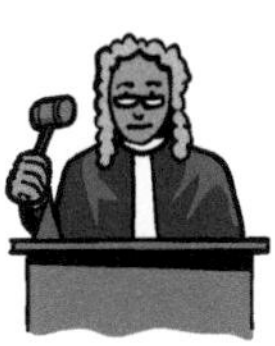

juez
el juez

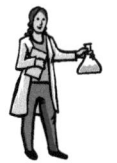

farmacéutico
el farmacéutico

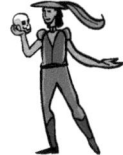

actor
el actor

conductor de autobús

el colectivero

taxista

el taxista

pescador

el pescador

señora de la limpieza

la mucama

techador

el techista

camarero

el mozo

cazador

el cazador

pintor

el pintor

panadero

el panadero

electricista

el electricista

obrero

el albañil

ingeniero

el ingeniero

carnicero

el carnicero

fontanero

el plomero

cartero

el cartero

soldado

el soldado

arquitecto

el arquitecto

cajero

el cajero

florista

el florista

peluquero

el peluquero

revisor

el cobrador

mecánico

el mecánico

capitán

el capitán

dentista

el dentista

científico

el científico

rabino

el rabino

imán

el imán

monje

el monje

sacerdote

el sacerdote

herramientas
las herramientas

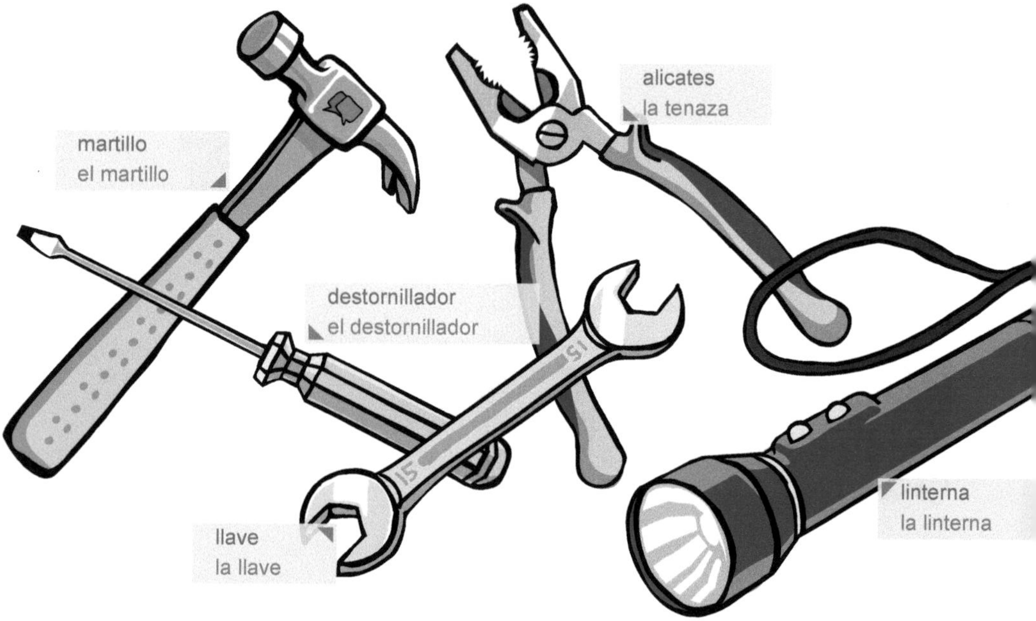

martillo
el martillo
alicates
la tenaza
destornillador
el destornillador
linterna
la linterna
llave
la llave

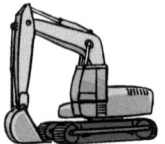

excavadora

la excavadora

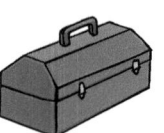

caja de herramientas

la caja de herramientas

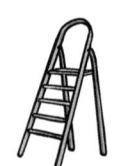

escalera de mano

la escalera portátil

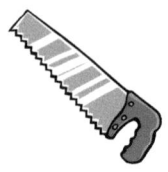

sierra

la sierra

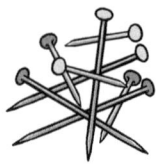

clavos

los clavos

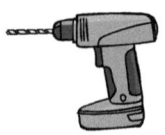

taladro

el taladro

reparar
arreglar

pala
la pala de jardín

¡Maldita sea!
¡Qué bronca!

recogedor
la pala de plástico

bote de pintura
el tacho de pintura

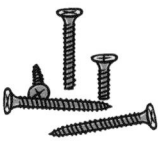

tornillos
los tornillos

instrumentos musicales
los instrumentos musicales

altavoz
el parlante

batería
la batería

guitarra
la guitarra

contrabajo
el contrabajo

trompeta
la trompeta

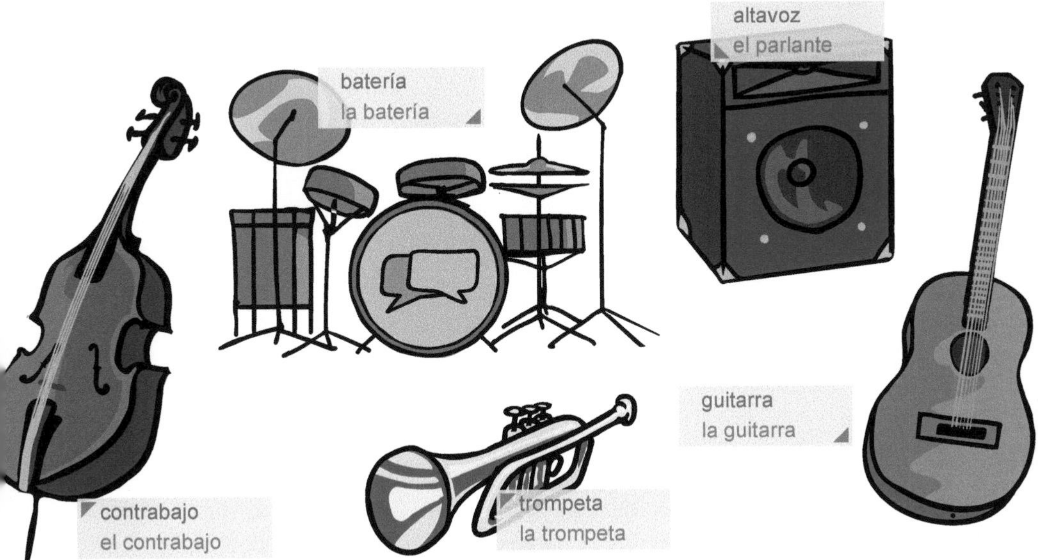

piano

el piano

violín

el violín

bajo

el bajo

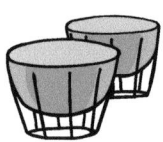

timbales

los timbales

tambor

el tambor

teclado

el teclado

saxofón

el saxofón

flauta

la flauta

micrófono

el micrófono

zoo

el zoológico

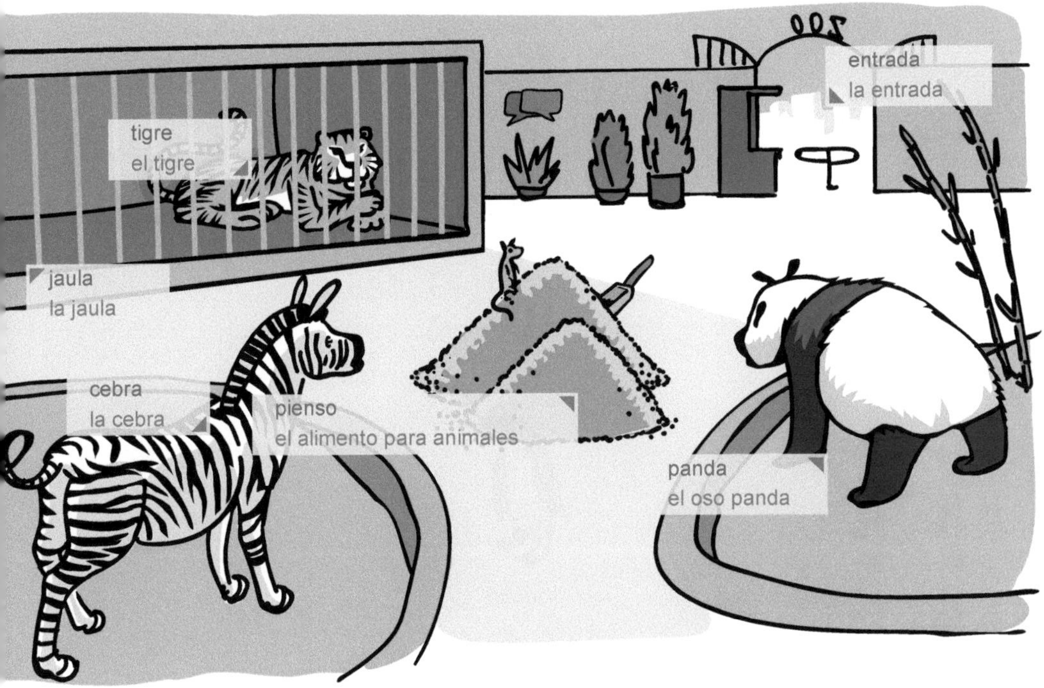

entrada
la entrada
tigre
el tigre
jaula
la jaula
cebra
la cebra
pienso
el alimento para animales
panda
el oso panda

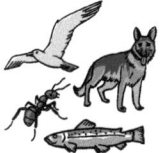

animales

los animales

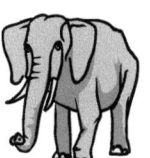

elefante

el elefante

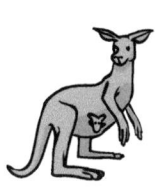

canguro

el canguro

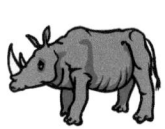

rinoceronte

el rinoceronte

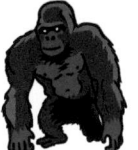

gorila

el gorila

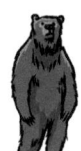

oso

el oso

camello

el camello

avestruz

el avestruz

león

el león

mono

el mono

flamingo

el flamenco

loro

el loro

oso polar

el oso polar

pingüino

el pingüino

tiburón

el tiburón

pavo real

el pavo real

serpiente

la serpiente

cocodrilo

el cocodrilo

guardián de zoológico

el cuidador del zoológico

foca

la foca

jaguar

el jaguar

poni

el poni

leopardo

el leopardo

hipopótamo

el hipopótamo

jirafa

la jirafa

águila

el águila

jabalí

el jabalí

pescado

el pescado

tortuga

la tortuga

morsa

la morsa

zorro

el zorro

gacela

la gacela

zoo - el zoológico

fútbol americano
el fútbol americano

ciclismo
el ciclismo

tenis
el tenis

baloncesto
el básquet

natación
la natación

boxeo
el boxeo

hockey sobre hielo
el hockey sobre hielo

fútbol
el fútbol

bádminton
el bádminton

atletismo
el atletismo

balonmano
el handball

esquí
el esquí

polo
el polo

reír
reír

saltar
saltar

abrazar
abrazar

caminar
caminar

cantar
cantar

soñar
soñar

rezar
rezar

besar
besar

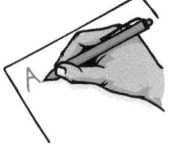

escribir
escribir

dibujar
dibujar

mostrar
mostrar

empujar
presionar

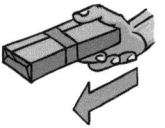

dar
dar

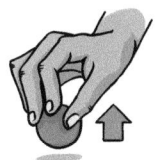

tomar
tomar

tener

tener

hacer

hacer

ser

ser

estar de pie

estar parado

correr

correr

tirar

tirar

tirar

tirar

caer

caer

yacer

estar acostado

esperar

esperar

llevar

llevar

estar sentado

estar sentado

vestirse

vestirse

dormir

dormir

despertar

despertar

mirar

mirar

llorar

llorar

acariciar

acariciar

peinar

peinar

hablar

hablar

entender

entender

preguntar

preguntar

escuchar

escuchar

beber

beber

comer

comer

ordenar

ordenar

amar

amar

cocinar

cocinar

conducir

manejar

volar

volar

navegar

navegar

calcular

calcular

leer

leer

aprender

aprender

trabajar

trabajar

casarse

casarse

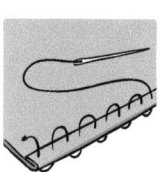

coser

coser

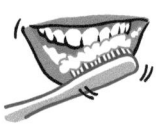

cepillarse los dientes

cepillarse los dientes

matar

matar

fumar

fumar

enviar

enviar

familia
la familia

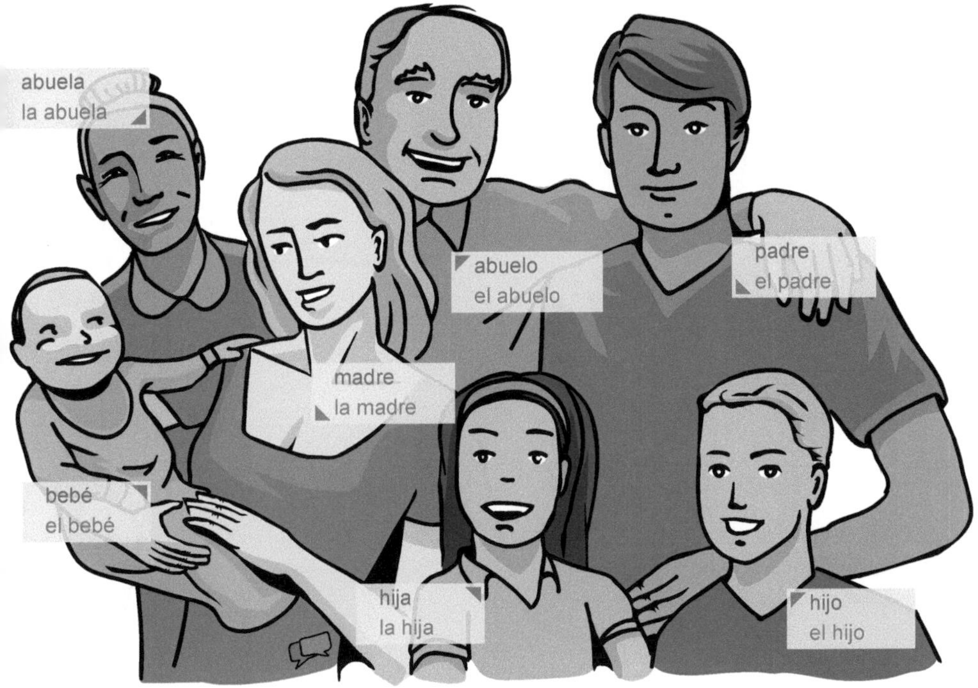

abuela
la abuela
abuelo
el abuelo
padre
el padre
madre
la madre
bebé
el bebé
hija
la hija
hijo
el hijo

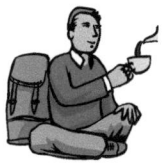

invitado

el invitado

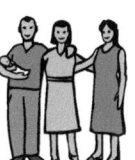

tía

la tía

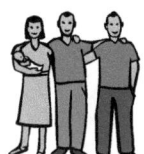

tío

el tío

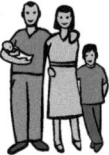

hermano

el hermano

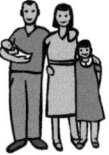

hermana

la hermana

el cuerpo

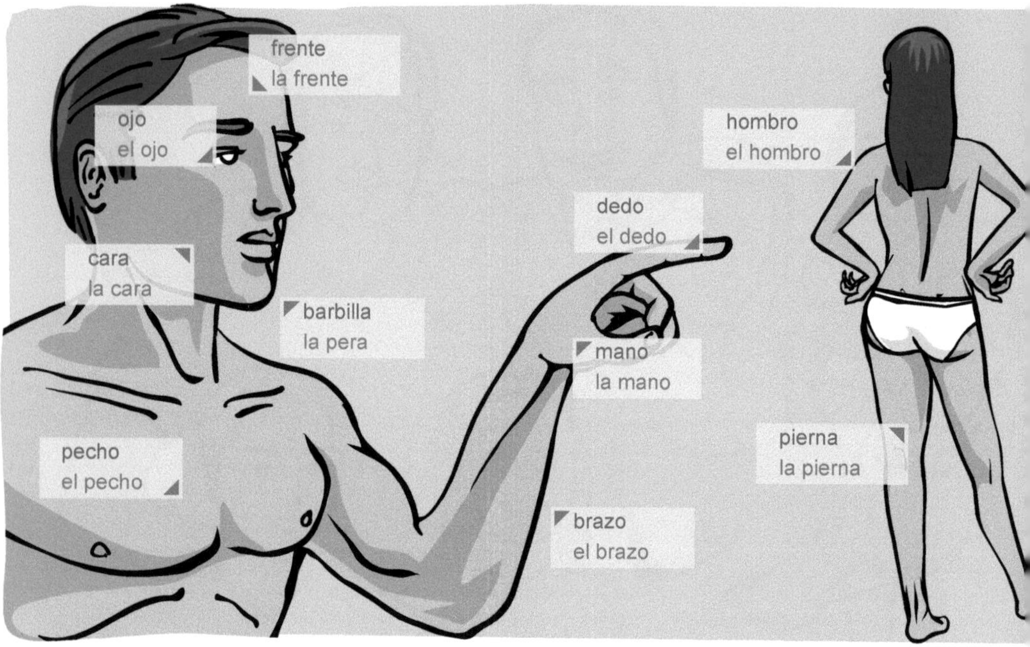

frente
la frente

ojo
el ojo

hombro
el hombro

dedo
el dedo

cara
la cara

barbilla
la pera

mano
la mano

pecho
el pecho

pierna
la pierna

brazo
el brazo

bebé

el bebé

hombre

el hombre

mujer

la mujer

chica

la nena

chico

el nene

cabeza

la cabeza

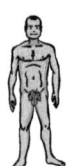

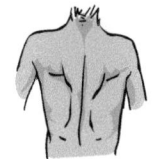

espalda

la espalda

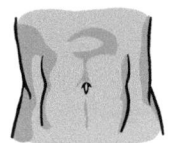

vientre

la panza

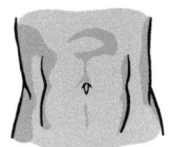

ombligo

el ombligo

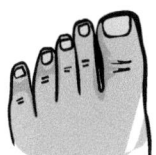

dedo del pie

el dedo del pie

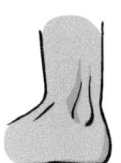

talón

el talón

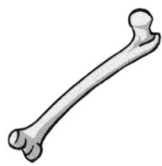

hueso

el hueso

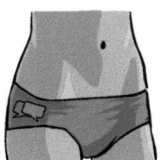

cadera

la cadera

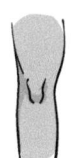

rodilla

la rodilla

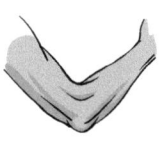

codo

el codo

nariz

la nariz

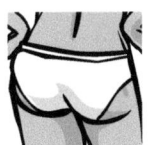

trasero

la cola

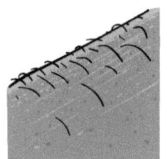

piel

la piel

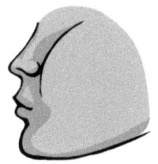

mejilla

el cachete

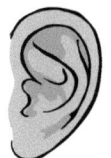

oído

la oreja

labio

el labio

boca

la boca

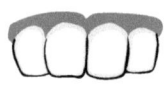

diente

el diente

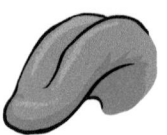

lengua

la lengua

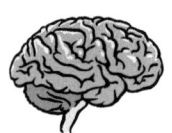

cerebro

el cerebro

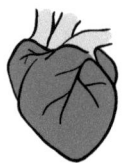

corazón

el corazón

músculo

el músculo

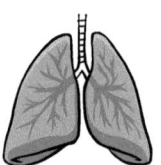

pulmón

el pulmón

hígado

el hígado

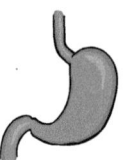

estómago

el estómago

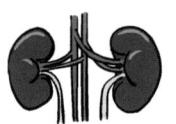

riñones

los riñones

sexo

el sexo

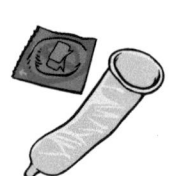

condón

el preservativo

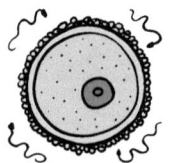

ovario

el óvulo

semen

el semen

embarazo

el embarazo

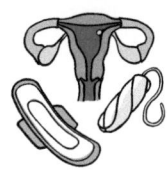

menstruación

la menstruación

vagina

la vagina

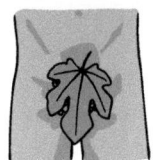

pene

el pene

ceja

la ceja

pelo

el pelo

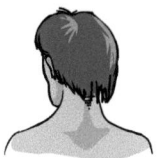

cuello

el cuello

hospital
el hospital

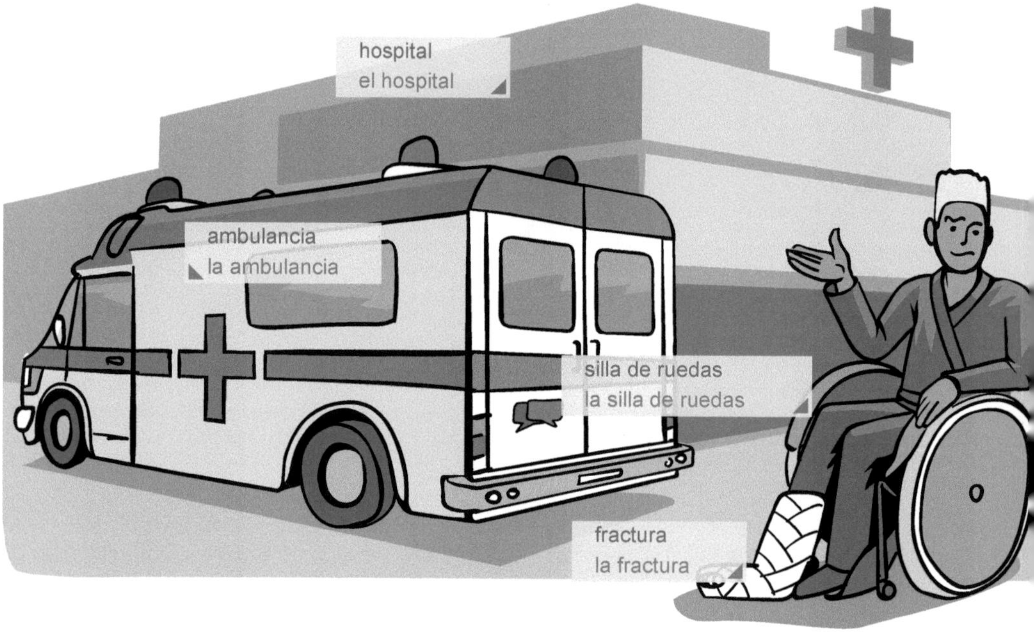

hospital
el hospital
ambulancia
la ambulancia
silla de ruedas
la silla de ruedas
fractura
la fractura

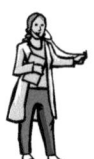

médico

el médico

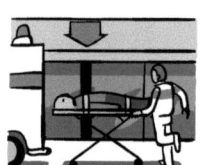

sala de urgencias

la sala de guardia

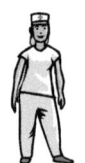

enfermera

la enfermera

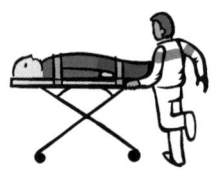

urgencia

la emergencia

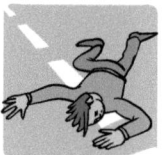

inconsciente

inconsciente

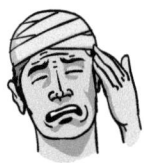

dolor

el dolor

lesión
la lesión

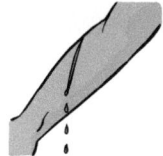

hemorragia
la hemorragia

infarto
el infarto

ictus
el ACV

alergia
la alergia

tos
la tos

fiebre
la fiebre

gripe
la gripe

diarrea
la diarrea

dolor de cabeza
el dolor de cabeza

cáncer
el cáncer

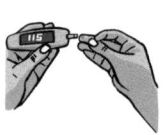

diabetes
la diabetes

cirujano
el cirujano

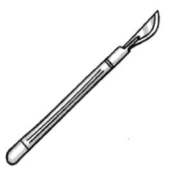

bisturí
el bisturí

operación
la operación

TAC
la TC

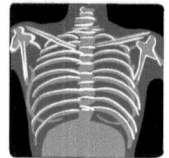

rayos x
los rayos x

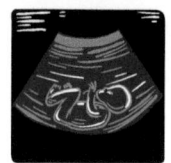

ultrasonido
la ecografía

mascarilla
el barbijo

enfermedad
la enfermedad

sala de espera
la sala de espera

muleta
la muleta

tirita
la curita

venda
la venda

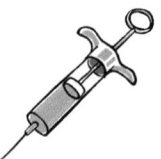

inyección
la inyección

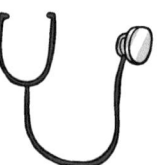

estetoscopio
el estetoscopio

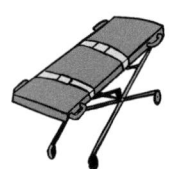

camilla
la camilla

termómetro
el termómetro

nacimiento
el nacimiento

sobrepeso
el sobrepeso

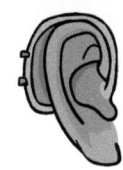

audífono

el audífono

desinfectante

el desinfectante

infección

la infección

virus

el virus

VIH / SIDA

el VIH / SIDA

medicina

el remedio

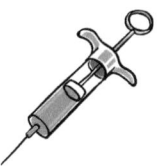

vacunación

la vacunación

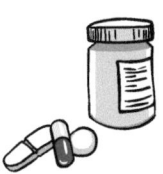

tabletas

los comprimidos

pastilla

la pastilla anticonceptiva

llamada de urgencia

llamada de emergencia

tensiómetro

el tensiómetro

enfermo / sano

enfermo / sano

¡Socorro!

¡Ayuda!

alarma

la alarma

asalto

la agresión

ataque

el ataque

peligro

el peligro

salida de emergencia

la salida de emergencia

¡Fuego!

¡Fuego!

extintor de incendios

el matafuego

accidente

el accidente

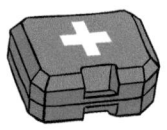

botiquín de primeros
auxilios

el botiquín de primeros
auxilios

SOS

el SOS

policía

la policía

Europa

Europa

Norteamérica

América del Norte

Sudamérica

América del Sur

África

África

Asia

Asia

Australia

Australia

Atlántico

el Atlántico

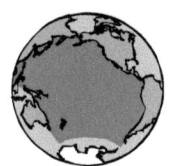

Pacífico

el Pacífico

Océano Índico

el Océano Índico

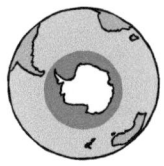

Océano Antártico

el Océano Antártico

Océano Ártico

el Océano Ártico

polo norte

el polo norte

polo sur

el polo sur

Antártida

la Antártida

tierra

la Tierra

tierra

la tierra

mar

el mar

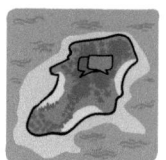

isla

la isla

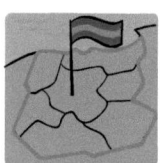

nación

la nación

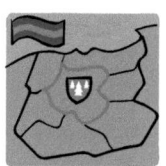

estado

el estado

esfera

la esfera

manecilla de las horas

la manecilla de las horas

minutero

el minutero

segundero

el segundero

¿Qué hora es?

¿Qué hora es?

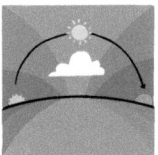

día

el día

tiempo

la hora

ahora

ahora

reloj digital

el reloj digital

minuto

el minuto

hora

la hora

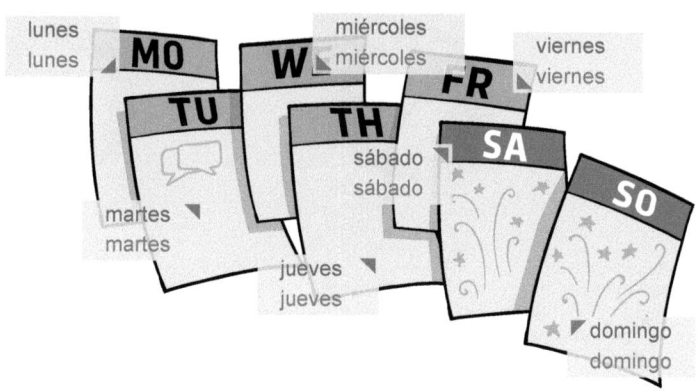

lunes
lunes

miércoles
miércoles

viernes
viernes

martes
martes

sábado
sábado

jueves
jueves

domingo
domingo

ayer
ayer

hoy
hoy

mañana
mañana

mañana
la mañana

mediodía
el mediodía

tarde
la tarde

días laborables
los días hábiles

fin de semana
el fin de semana

año

el año

lluvia
la lluvia
arcoíris
el arco iris
viento
el viento
nieve
la nieve
primavera
la primavera
verano
el verano
otoño
el otoño
invierno
el invierno

4.APRIL 11°
5.APRIL 4°
6.APRIL 13°
7.APRIL 8°
8.APRIL 10°

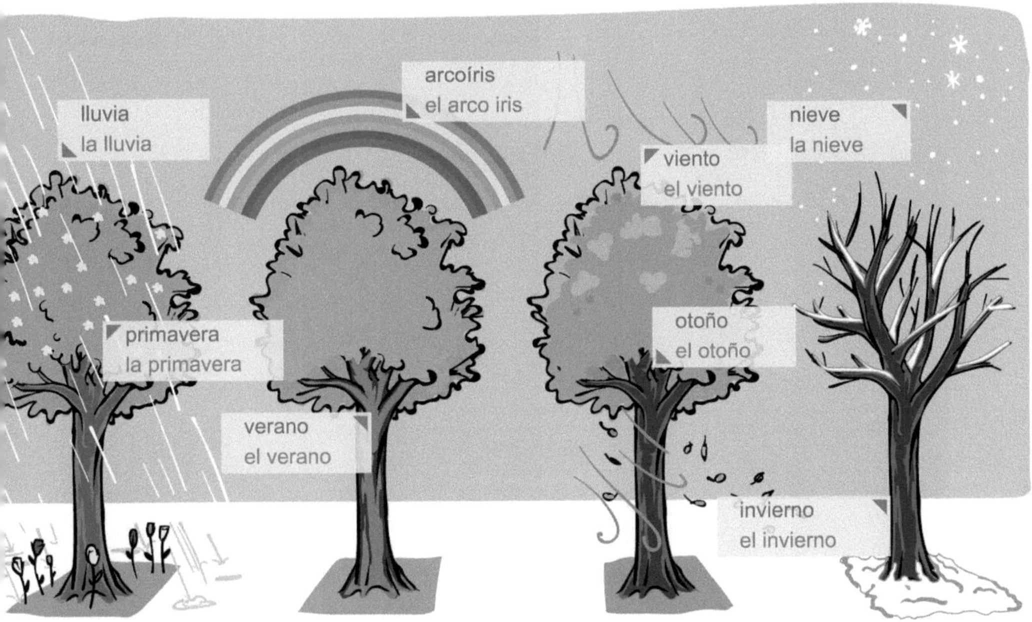

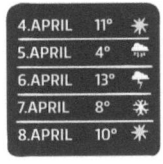

pronóstico del tiempo

pronóstico meteorológico

F
C
120
90
60
30
0
-30
40
30
20
10
0
-10
-20

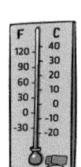

termómetro

el termómetro

sol

la luz del sol

nube

la nube

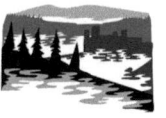

niebla

la niebla

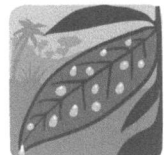

humedad

la humedad

rayo

el rayo

trueno

el trueno

tormenta

la tormenta

granizo

el granizo

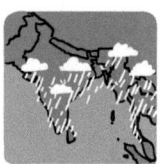

monzón

el monzón

inundación

la inundación

hielo

el hielo

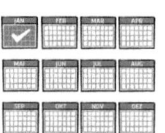

enero

enero

febrero

febrero

marzo

marzo

abril

abril

mayo

mayo

junio

junio

julio

julio

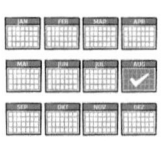

agosto

agosto

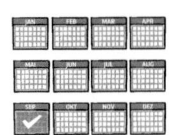

septiembre
....
septiembre

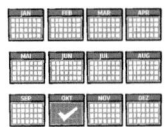

octubre
....
octubre

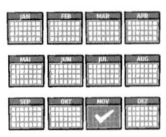

noviembre
....
noviembre

diciembre
....
diciembre

formas
las formas

círculo
....
el círculo

cuadrado
....
el cuadrado

rectángulo
....
el rectángulo

triángulo
....
el triángulo

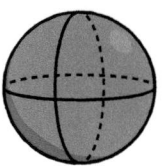

esfera
....
la esfera

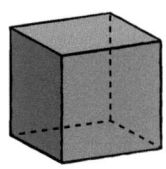

cubo
....
el cubo

blanco
....
blanco

amarillo
....
amarillo

anaranjado
....
naranja

rosa
....
rosa

rojo
....
rojo

morado
....
violeta

azul
....
azul

verde
....
verde

marrón
....
marrón

gris
....
gris

negro
....
negro

mucho / poco

mucho / poco

enojado / tranquilo

enojado / tranquilo

bonito / feo

lindo / feo

principio / fin

el principio / el fin

grande / pequeño

grande / chico

claro / oscuro

claro / oscuro

hermano / hermana

hermano / la hermana

limpio / sucio

limpio / sucio

completo / incompleto

completo / incompleto

día / noche

el día / la noche

muerto / vivo

muerto / vivo

ancho / estrecho

ancho / angosto

comestible / no comestible

········

comestible / no comestible

malo / amable

········

malo / amable

entusiasmado / aburrido

········

entusiasmado / aburrido

gordo / delgado

········

gordo / flaco

primero / último

········

primero / último

amigo / enemigo

········

el amigo / el enemigo

lleno / vacío

········

lleno / vacío

duro / blando

········

duro / blando

pesado / ligero

········

pesado / liviano

hambre / sed

········

el hambre / la sed

enfermo / sano

········

enfermo / sano

ilegal / legal

········

ilegal / legal

inteligente / tonto

········

inteligente / estúpido

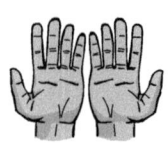

izquierda / derecha

········

izquierda / derecha

cerca / lejos

········

cerca / lejos

nuevo / usado

nuevo / usado

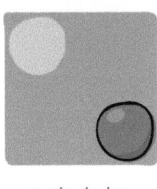

nada / algo

nada / algo

viejo / joven

viejo / joven

encendido / apagado

encendido / apagado

abierto / cerrado

abierto / cerrado

silencioso / ruidoso

silencioso / ruidoso

rico / pobre

rico / pobre

correcto / incorrecto

correcto / incorrecto

áspero / suave

áspero / suave

triste / contento

triste / contento

corto / largo

corto / largo

lento / rápido

lento / rápido

húmedo / seco

mojado / seco

cálido / frío

caliente / frío

guerra / paz

guerra / paz

0

cero

cero

1

uno

uno

2

dos

dos

3

tres

tres

4

cuatro

cuatro

5

cinco

cinco

6

seis

seis

7

siete

siete

8

ocho

ocho

9

nueve

nueve

10

diez

diez

11

once

once

12

doce

doce

13

trece

trece

14

catorce

catorce

15

quince

quince

16

dieciséis

dieciséis

17

diecisiete

diecisiete

18

dieciocho

dieciocho

19

diecinueve

diecinueve

20

veinte

veinte

100

cien

cien

1.000

mil

mil

1.000.000

millón

el millón

inglés

el inglés

inglés americano

el inglés americano

chino mandarín

el chino mandarín

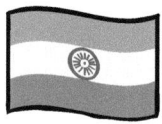

hindi

el hindi

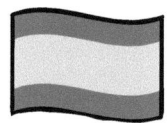

español

el español

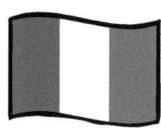

francés

el francés

árabe

el árabe

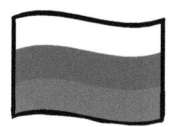

ruso

el ruso

portugués

el portugués

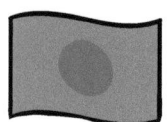

bengalí

el bengalí

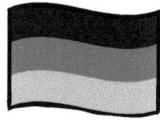

alemán

el alemán

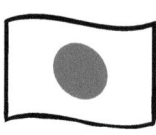

japonés

el japonés

yo

yo

tú

vos

él / ella / ello

él / ella

nosotros/as

nosotros

vosotros/as

ustedes

ellos/as

ellos

¿quién?

¿quién?

¿qué?

¿qué?

¿cómo?

¿cómo?

¿dónde?

¿dónde?

¿cuándo?

¿cuándo?

nombre

el nombre

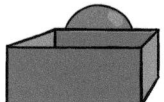

detrás

detrás

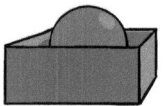

en

en

delante de

adelante de

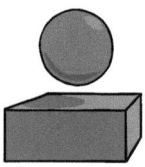

por encima de

por encima de

sobre

sobre

debajo de

debajo de

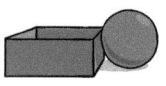

junto a

al lado de

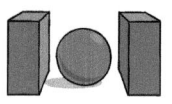

entre

entre

lugar

el lugar